身临其镜

探寻神秘古迹

北京典开科技有限公司 ◎ 主编

吉林科学技术出版社

图书在版编目（CIP）数据

探寻神秘古迹 / 北京典开科技有限公司主编. -- 长春：吉林科学技术出版社，2018.5
　　（身临其"镜"）
　　ISBN 978-7-5578-3508-8

　　Ⅰ. ①探… Ⅱ. ①北… Ⅲ. ①世界史－文化史－通俗读物 Ⅳ. ①K103-49

中国版本图书馆CIP数据核字(2017)第295087号

TANXUN SHENMI GUJI
探寻神秘古迹

主　　编　北京典开科技有限公司
出 版 人　李　梁
责任编辑　李思言　于潇涵
封面设计　北京典开科技有限公司
制　　版　长春美印图文设计有限公司
开　　本　889mm×1 194mm　1/16
字　　数　50千字
印　　张　3
印　　数　1-6 000册
版　　次　2018年5月第1版
印　　次　2018年5月第1次印刷

出　　版　吉林科学技术出版社
发　　行　吉林科学技术出版社
地　　址　长春市人民大街4646号
邮　　编　130021
发行部传真 / 电话　0431-85635176　85651759　85635177
　　　　　　　　　　　　　85651628　85652585
储运部电话　0431-86059116
编辑部电话　0431-85610611
网　　址　www.jlstp.net
印　　刷　吉广控股有限公司

书　　号　ISBN 978-7-5578-3508-8
定　　价　135.00元

嗨！欢迎你加入伊万的奇幻探险之旅，我们这一次的目的地是地球。在大约 250 万年前，地球上就出现了早期的人类，繁衍进化至今，他们在历史的长河中创造出了复杂的社会架构。今天，让伊万带着你一起追溯人类历史发展的脚步，看看他们在历史上都创造了哪些伟大的奇迹吧！

阅读指南

1.折叠眼镜

① ②

找到随书附赠的纸盒眼镜，按照图示折叠。

通用客户端

扫描二维码下载安装配套手机应用"身临其'镜'"。

2.扫描二维码

3.放置手机

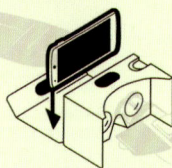

打开"身临其'镜'"应用，根据提示操作，直至出现"请将手机放进VR眼镜"提示，将手机画面的中线对准VR眼镜的中线放好，关上眼镜盒子，注意粘紧魔术贴，防止手机滑落，现在就可以体验神奇的VR世界了。

注意： 由于VR游戏对手机性能要求较高，如果手机发热，属于正常现象。

为达到较好体验，建议手机配置如下：

屏幕尺寸：4.7～6.0英寸，5.7以上为佳；　　分辨率：至少1080p以上，2k更佳，4k极佳；

操作系统：Android 5.0、iOS9.0及以上版本；　　手机配置：4核以上CPU，2GB以上RAM；

其他配置：必须具备3轴及以上陀螺仪（无陀螺仪机型无法使用）。

目　录

长城——中国古代第一军事工程

在世界的东方，欧亚大陆东部，一条矫健的巨龙时隐时现地穿梭于连绵的群山之中，又在茫茫的大漠中屹立不倒。在中国北方的大地上，总能寻找到它的身影。这是一个持续了 23 个世纪的伟大工程，这就是中国古代的第一军事工程——长城。

想象一下地球南极到北极的距离有多远吧。然而这个距离也正是所有中国长城加起来的总长度。中国历代长城的总长约为21 196.18千米，但如今保存相对完好的长城遗迹主要是14世纪的明长城，这条长城西起甘肃嘉峪关，东至鸭绿江畔的虎山长城。它跨越青海、内蒙古、山西、陕西、河北、辽宁等15个省、直辖市和自治区。共计四万多处长城遗址。长城是世界上最大的单一建筑，同时也是最大的军事防御建筑，成为世界七大奇迹之一。

秦长城示意图

秦灭六国统一天下后，于秦始皇三十三年（公元前214年）开始连接和修缮战国长城，以防匈奴南进，史称秦长城，始有万里长城之称。

长城年代图

长城建筑于两千多年前的春秋战国时代，现存的长城遗迹主要为建于14世纪的明长城。长城是古代中国在不同时期为抵御塞北游牧部落联盟侵袭而修筑的规模浩大的军事工程的统称。自公元前8世纪开始，延续不断修筑了2000多年，分布于中国北部和中部的广大土地上，总计长度达50 000多千米，被称为"上下两千多年，纵横十万余里"。

长城修葺

　　两千多年来，我国古代劳动人民发挥了高度的聪明才智，不仅在规划设计上"因地形，用险制塞"，满足了设防的需要，而且在施工管理、材料供应、施工方法等方面也都克服了各种困难，完成了艰巨的任务，筑成了万里长城这一伟大的工程。

嘉峪关

作为古代"丝绸之路"的交通要塞，嘉峪关号称"天下第一雄关"，是中国长城三大奇观之一，有"连陲锁钥"之称。

城郭

嘉峪关是明万里长城的西起点。嘉峪关由内城、外城、城壕三道防线构成，城外有城，叠门重城，成并守之势。关城以内城为主。

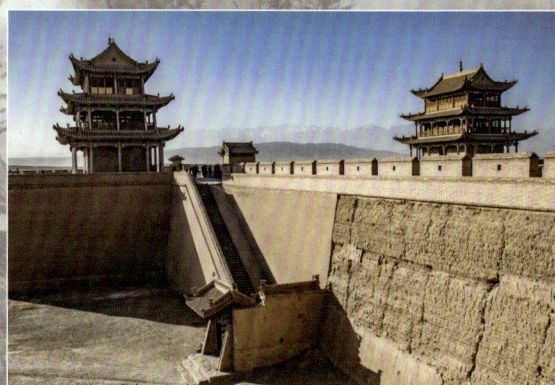

马道

为了方便马匹的通行，嘉峪关配有专门的斜坡式马道。

居庸关

居庸关有"天险"之称，属内三关，是进入北京的北大门。

山海关

山海关位于明长城东端，有"天下第一关"之称，是明长城唯一与大海相交会的地方。

镇北台

镇北台平面呈正方形，高四层。为古长城沿线现存最大的要塞之一，是万里长城第一台。

雁门关

雁门关是长城上的重要关隘，以"险"著称，被誉为"中华第一关"，属外三关。

早期夯土城墙

后期砖石结构

长城看似是以城墙为主的军事建筑，但是它可不是一道孤立的城墙。长城是一个由多种建筑组成的军事防御体系。历经了两千多年的历史变迁，长城的修筑方法从最初的夯土长城，变为后期的砖石结构长城。从早期的简单防御逐步进化为严密且完善的防御体系。

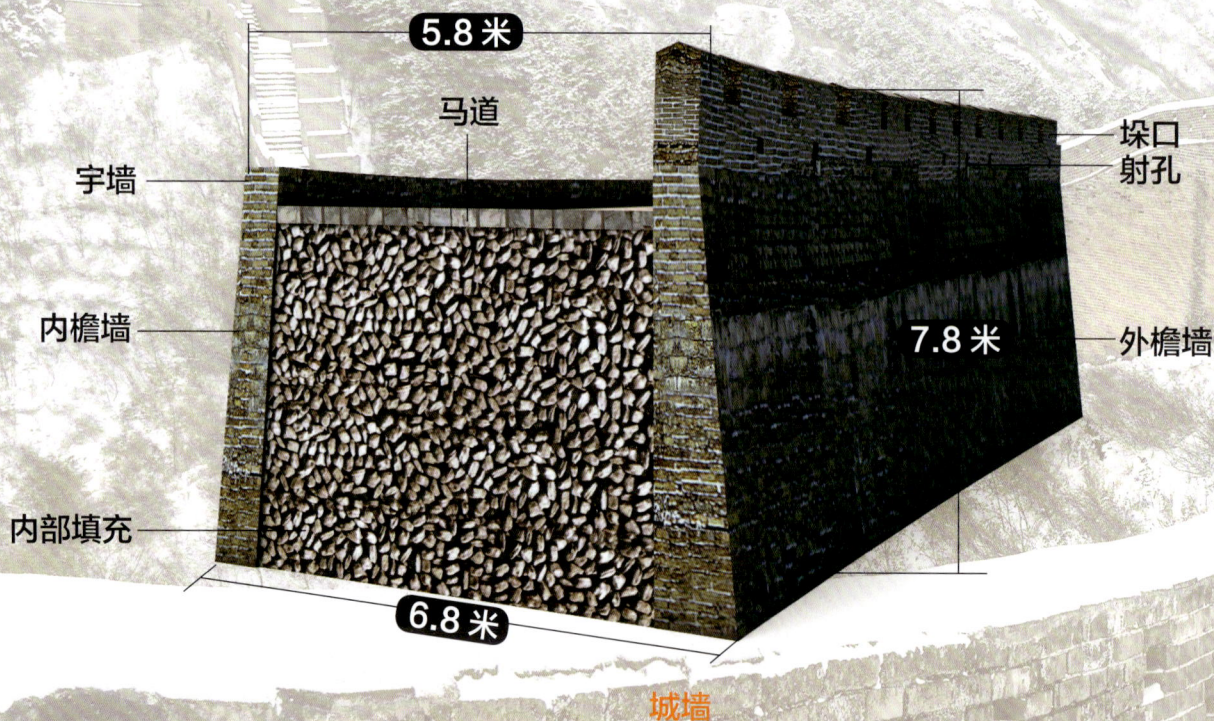

5.8 米

马道

宇墙

垛口
射孔

内檐墙

7.8 米

外檐墙

内部填充

6.8 米

城墙

明长城城墙平均高约 7.8 米，底部宽约 6.8 米，顶部宽约 5.8 米，剖面呈梯形。整齐的条形石砖是城墙外表的主要建筑材料，而城墙内部填充石灰和碎石，让城墙更为坚固。当城墙达到一定高度的时候，在顶面砌三至四层方砖，并设有排水沟及吐水嘴，防止城墙顶部积水。在城墙顶部的内侧设置宇墙又称女墙，主要起着栏杆的作用，保护士兵不会从城墙上掉落。而在城墙迎敌的外侧，设置齿形的垛口，便于士兵在城墙之上瞭望敌人和攻击敌人时掩护自己。在垛口上部会设计小的瞭望口，在垛口的下方会设计一个方形倾斜向下的小洞，这是便于用弓箭攻击敌人的射孔。

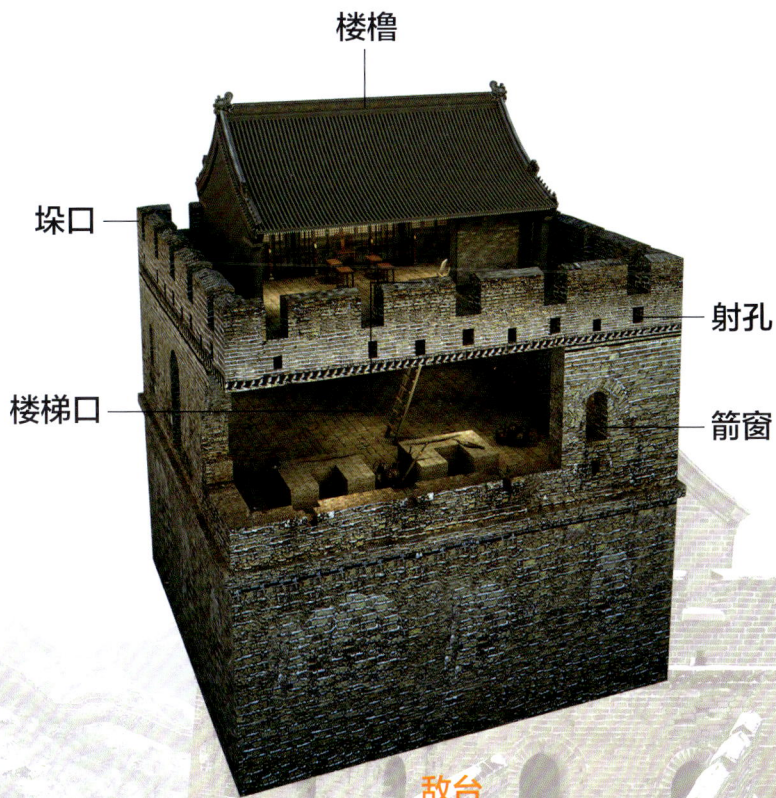

楼橹

垛口

楼梯口

射孔

箭窗

敌台

敌台，也称作敌楼。根据地形分布于长城之上。敌台分为实心敌台和空心敌台。空心敌台最有特点，分为上下两层，下层有较大的空间，通过砖木结构承重，空间内可驻守士兵、存放粮草，墙壁上还设有射窗，以供弓箭手射击敌人。敌台顶部的小亭子称作"楼橹"，供士兵放哨，躲避风雨，瞭望敌情。"楼橹"四周有垛口与射孔，便于攻击和瞭望。

敌台与周围的建筑密切配合，因空间的设计，也让它在敌人来犯时成为小型的堡垒。因此，很大程度上增强了长城的防御能力。

城门楼

城墙

瓮城

城门

关隘

关隘，构筑在出入长城的咽喉要道上。建有关隘的地区士兵较多，军事架构也更为完善。多数的关隘由城墙、城门、城门楼、瓮城构成。

在关隘城楼的中间，设有城门，城门是进出关隘的主要通道，城门门洞用坚固的石材砌建而成，门洞中设有巨大的木门，木门外包铁皮，并嵌入巨大的门钉，城门内部有巨大的门闩，城门外部有铜环，甚至有的城门还设有机关。这样设计的城门使敌人更加难以攻破。

城门楼一般都设置在城门的正上方，多为砖木结构，一到三层不等，城门楼的设计不仅让关隘更加美观，同时，它居高临下，也具备了指挥所和观察站的功能。

长城不仅是一个庞大的军事防御建筑，也是农、牧两大经济和文化的枢纽，更是民族融合的大熔炉。随着时间的推移，南北各族的农牧业、文化与交易都在长城的许多关口并然有序地发展开来，并在长城的沿线也逐渐发展出了很多重要的城镇。在中西文化的交流方面，长城也起着极大的保护作用，在汉朝，长城成就了著名的中西文化的纽带"丝绸之路"。如今，其他国家了解中国文化以及中国的历史多会从长城开始。长城——这个凝聚了中华民族几千年智慧与力量的宏伟建筑在人类发展的历史长卷中画下了浓墨重彩的一笔。

埃及金字塔——沙漠中的不朽丰碑

公元前 2580 年左右，在满天飞沙的撒哈拉沙漠一角，上万名壮丁从古埃及的各个省份被送到了尼罗河的沿岸，一个被称作吉萨高原的地方。壮丁们将几百万吨石块采集搬运到这里，他们在为自己的法老建造陵墓，但是他们并不知道他们也在创造一项奇迹，一项地球上最伟大的工程之一 —— 胡夫金字塔。这座屹立在吉萨高原的胡夫金字塔距今有四千多年的历史，也是古代文明七大奇迹中硕果仅存的一座伟大建筑。接下来让我们揭开这座金字塔的神秘面纱吧！

卡夫拉金字塔

胡夫金字塔

开罗

埃及

红海

孟卡拉金字塔

吉萨平原

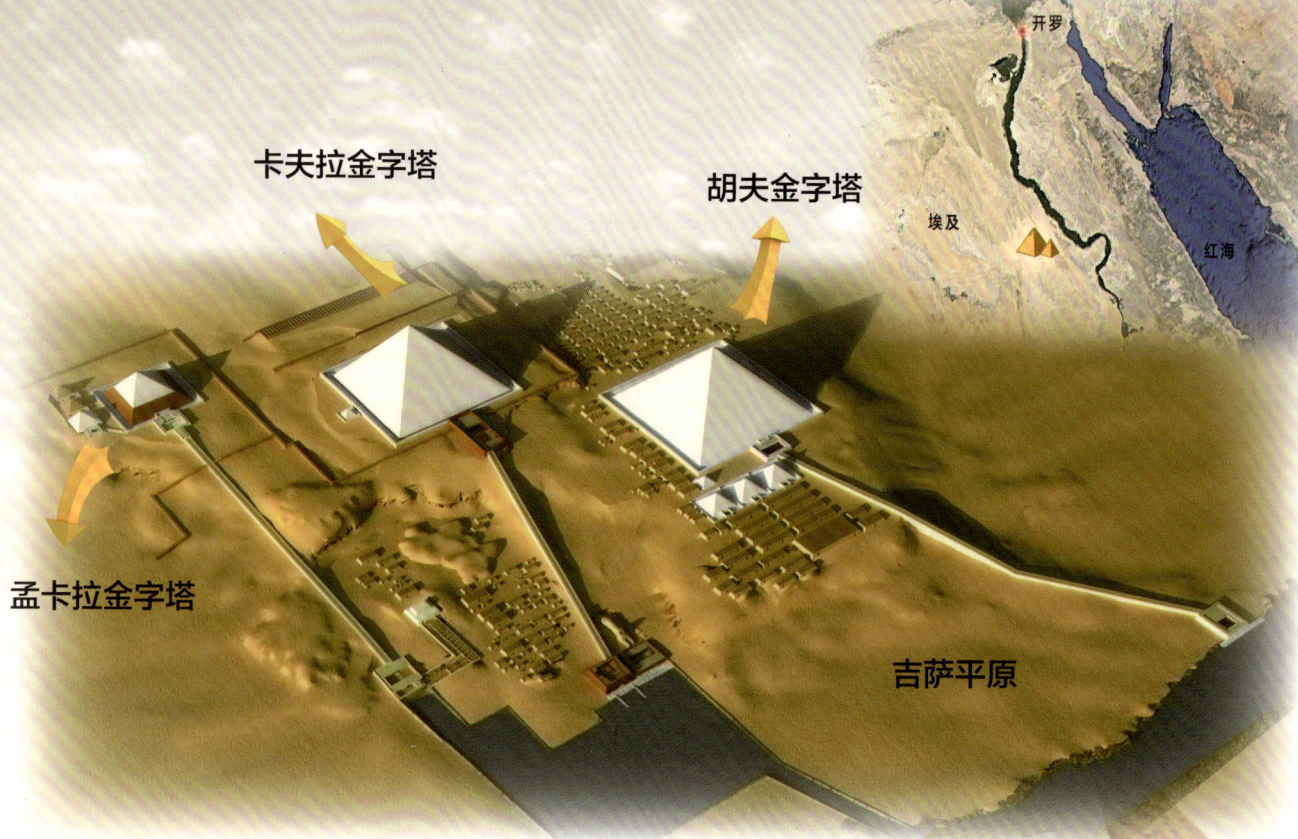

吉萨金字塔群

金字塔在埃及和美洲等地均有分布，其中最大的是埃及金字塔中的胡夫金字塔。

金字塔砖与人的对比

　　金字塔的砖体，以石灰岩为主。当巨大的石灰岩被采集后，需要雕琢成一块块贴合完美的金字塔石砖。然而这项工作并没有想象中那么简单，当时只能用脆弱的铜制工具进行石灰岩的雕琢工作。同时铜制工具还需要另外的工人不断地维护，以保证其锋利可用。一块块石砖被雕琢完成后，需要更多的壮丁把这块重达 2.5 吨的石砖用简陋的木橇和绳索将石块拖拉至建筑现场。

聪明的古埃及设计师与优秀的能工巧匠们会创作出怎样伟大的作品？胡夫金字塔就给了我们最好的答案。金字塔使用了两百多万块平均重达 2.5 吨的巨石来建造，这些比汽车还重的巨石，无比精准地堆叠成塔。塔的内部，设计有两条狭窄的墓道通往两座大型墓室，墓室顶端的巨石重达 9 吨，如此雄伟的建筑就是为了在法老去世后长眠于此。重约六百万吨的巨石堆叠而成的胡夫金字塔，屹立于沙漠之中四千多年。

胡夫金字塔内部结构

距离胡夫金字塔不远的沙漠中，有一座庞大而奇特的巨型雕像，它与古埃及其他遗迹一样珍贵，这就是我们熟知的斯芬克斯狮身人面像。这座有着狮身与人头结合的巨大神秘雕像，高约 18 米，身长约 73 米，是世界上现存最大的独立石雕。古埃及人并没有留下关于狮身人面像的只言片语，但是通过其他建筑及遗迹中的蛛丝马迹，考古学家们认为，狮身人面像的建造有一定的宗教含义，认为狮子是法老和太阳的象征，狮身人面像可能代表着法老像太阳一样奉献自己。

斯芬克斯狮身人面像

图坦卡蒙金像

图坦卡蒙是古埃及新王国时期第十八王朝的法老。图坦卡蒙9岁登上王位，19岁离世，死因为一种家族遗传病。古埃及十八王朝是古埃及延续时间最长、疆域最广、国力最强盛的朝代，也正是这个王朝的法老们开创了建造地下墓穴的传统，帝王谷也由此而来。图坦卡蒙虽然不是古埃及历史上功绩最突出的法老，但其墓葬的发现印证了古埃及的繁荣，他也因此成为最著名的法老之一。

木乃伊棺椁

提到埃及，大家首先就会想到木乃伊。古埃及人之所以制作木乃伊，是因为他们相信"来世永生"。古埃及法老们更加虔诚地相信，他们死后将登上太阳船飞向太阳，并在宇宙中的某一处与他们的祖先相遇。也正是这种信仰，让古埃及人绞尽脑汁地去研究埋葬方式与木乃伊的制作技法。

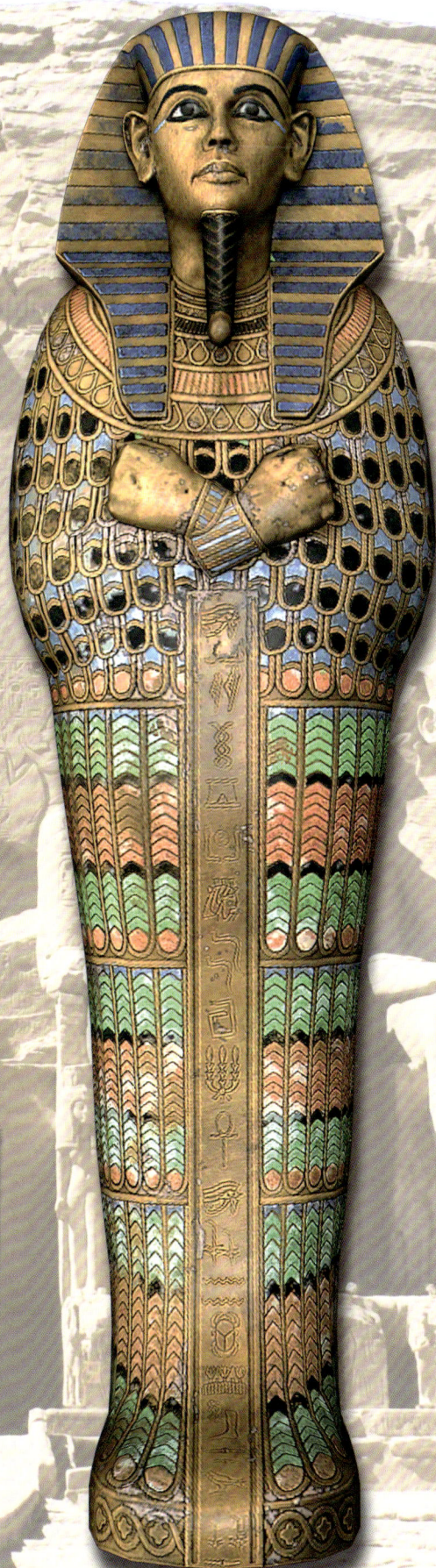

把尸体用尼罗河水来清洗

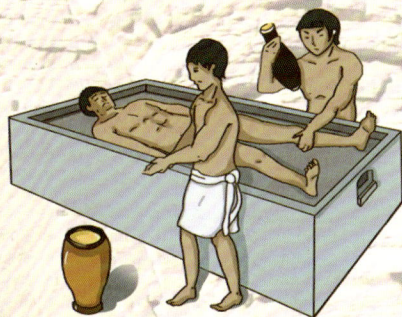

在尸体上涂抹香油、香料

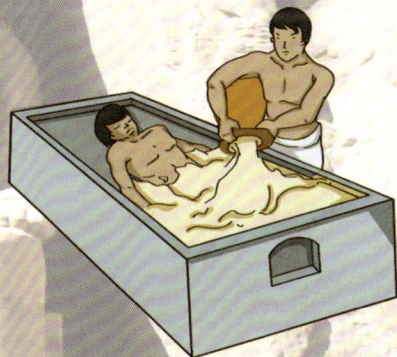

用防腐剂包裹尸体

用细亚麻布包裹木乃伊，
并将其浑身饰满祷文

木乃伊制作过程

古埃及人信奉太阳神，因为太阳为他们带来了阳光与温暖。他们将尼罗河称为母亲，因为尼罗河带给他们水源与肥沃的土地，让埃及文明发展至今。长达三千多年的古埃及，留下了数不胜数的壮观建筑，直到今天也令人赞叹不已。今天我们所看到的一些古埃及遗址只是它庞大文明中的冰山一角。曾有学者估计，还有更多的古埃及遗迹被埋在地下，这个说法令很多科学家、考古学家以及探险家对古埃及文明充满了无限的想象。古埃及文化虽然随着历史的长河渐渐远去，但是给后人留下的未解之谜，就像一本神秘而厚重的历史书籍。

古埃及文字

距今五千多年前，古埃及出现了象形文字，即古埃及文字，同苏美尔人的楔形文字、美洲地区的玛雅文字和中国的汉字，共同构成了世界上最古老的四大文字系统。

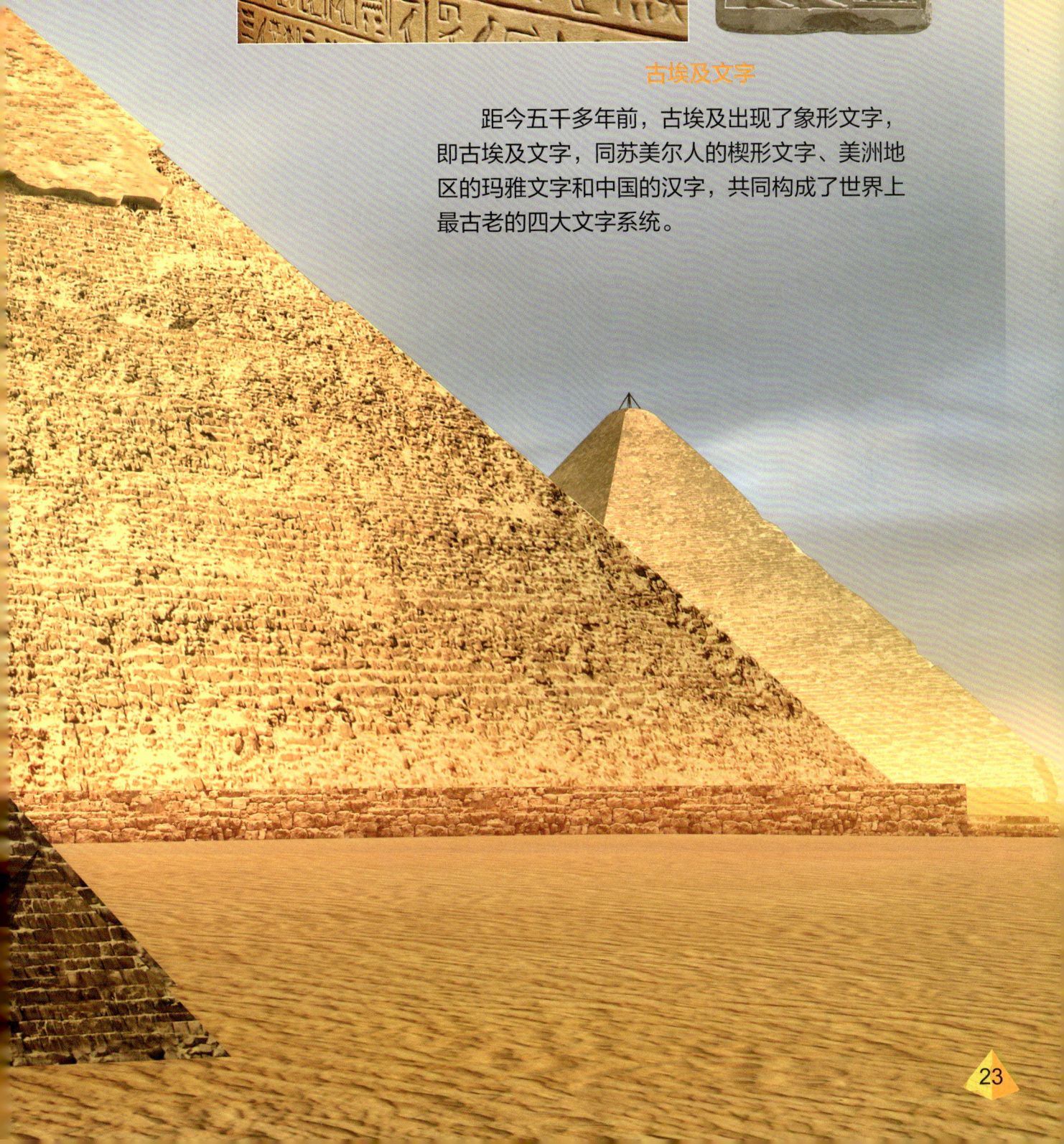

玛雅文明——热带雨林的伟大文明

18 世纪 30 年代，一位名叫约翰·斯蒂芬斯的美国考古学家在洪都拉斯的热带雨林中发现了一些奇怪的建筑。正是这个发现，揭开了一个曾经隐藏在热带雨林中的伟大文明——玛雅文明。

玛雅文明是世界重要的古代文明之一。玛雅文明起源于中北美洲的尤卡坦半岛，主要分布于现今的墨西哥东南部、危地马拉、洪都拉斯、萨尔瓦多和伯利兹 5 个国家。玛雅文明崛起于火山高地和茂密的热带雨林之中。虽然玛雅文明还处于古老的新石器时代，但是这个神秘而伟大的文明在天文学、数学、艺术、农业和文字等方面已经有了极高的成就。玛雅文明与印加文明和阿兹特克文明并称为"中南美三大文明"。

奇琴伊察溶洞

奇琴伊察在玛雅古典中期是相当重要的城市。奇琴伊察当时所在的位置有三个终年提供充足水源的溶井，这里的三口巨大溶井使其成了天然的人口中心，所以，玛雅语称之为Chich'en Itza，它的意思就是"在伊察（人）的水井口"。

羽蛇神雕像

玛雅文明是一个建立在神权统治下的文明。宗教在这个文明中占有相当重要的地位。从一些记载中可以看出，玛雅人的宗教活动非常活跃，但是在众多神明中，他们认为最高的神明就是"羽蛇神"。玛雅人认为，这个由响尾蛇神和凤鸟羽毛组成的神明，为他们带来了现在的文明，他们还认为"羽蛇神"掌管了他们的农业，可以为他们降雨并让他们丰收。因此当时的玛雅人认为"羽蛇神"对他们意义非凡。

玛雅文字

玛雅历法

我们现如今所知的玛雅文化，都是通过破译遗留下来的玛雅文字而了解到的。所以，玛雅文字同样是玛雅文明中不可或缺的一部分。玛雅人是当时在美洲唯一发明文字的民族，他们的文字属于象形文字，如今我们还可以从玛雅神殿和纪念碑的遗迹上看到这些遗留下来的象形文字。

玛雅人以太阳历、太阴历、卓尔金历为基础，创造出一套以不同历法组成的历法系统。这其中，不同的历法以复杂的方式相互协同，并紧密关联，形成了更广泛、更长远的周期，为曾经的玛雅文明所使用。

这块石板，就是巴加尔二世（玛雅古典时期西部城邦帕伦克的国王）石棺顶盖上的石板。右面这幅图的图案有着颇有争议的说法，其中一个有趣说法是：一位玛雅人骑着带有精密仪器的飞行器飞向太空。但是，根据对玛雅文明的科学研究，严肃的历史学家认为，这是一个神话图案，图案中描述的是巴加尔二世通过升起的圣树转生的故事。

帕伦克石板

　　历史悠久的玛雅文明在历史上分为前古典期、古典期和后古典期。前古典期的玛雅文明从形成逐渐走向成熟，这个阶段发明了文字及历法，同时，纪念碑的设立和建筑的兴建也在这个时期逐渐发展起来；到了 3 ~ 9 世纪时，玛雅文明进入了鼎盛时期，这个时期称作古典期。此时，玛雅文明在文字的使用、历法的运用、天文学的研究、纪念碑的设立、建筑的兴建及艺术的发挥均达到最鼎盛时期；到了约 10 ~ 16 世纪是玛雅文明的后古典期，此时玛雅北部兴起奇琴伊察及乌斯马尔等城邦，但是从这时开始，玛雅文明逐渐衰落。

　　虽然对于玛雅文明的消失有多种多样的猜测，但历史学家认为，玛雅文明的消失是因为其后期人口众多，导致资源消耗过大，环境破坏严重，再加上连连的灾难。生活在脆弱的雨林及采用原始游耕技术的玛雅人难以维系资源平衡，甚至发生了资源争夺战争，导致了玛雅人远走他乡。玛雅文明也逐渐走向衰落。

古玛雅帝国最大最繁华的城邦——玛雅城邦遗址，位于尤卡坦半岛中部，始建于公元 514 年。玛雅遗址是玛雅文明最重要的地区之一，不论是宏大的建筑，还是丰富的象形文字，都表明曾经的玛雅人有着高度发达的经济与文化，是极少数起源于热带丛林的文明的例证。

玛雅人的天文台

没有现代的天文观测设备，更没有任何天文知识作为参考的古代玛雅人，却在天文学上取得了巨大的成就。玛雅人的天文观测台是由庞大的建筑群组成的，这些建筑群帮助他们探索研究宇宙的奥秘。玛雅人通过自己的天文学技术创立了两种纪年方法：一种是一年 365 天的太阳历，另一种是一年 260 天的圣年历。以我们熟悉的太阳历来进行对比，现代太阳年的精确测量值为 365.2422 天，而玛雅人测量的太阳年长度是 365.2420 天，相比科技发达的现代文明，测量结果只少了 0.0002 天，也就是 17.28 秒。

罗马斗兽场——荣耀的丰碑

　　罗马帝国的心脏——罗马，这个两千年前最大的城市，约一百万人以此为家。罗马斗兽场又称罗马圆形竞技场，坐落在这座庞大的城市中心。这座竞技场建于公元 72～82 年间，从外观上看似圆形，而鸟瞰这座建筑时，却是椭圆形。竞技场最大直径约为 188 米，最小直径约为 156 米，圆周长约 527 米，高 57 米，占地面积约为 2 万平方米。竞技场共有四层围墙，而前三层分别用了不同的柱子样式作为装饰，这座庞大的建筑可容纳约九万观众，这座宏伟、独特的竞技场建筑是罗马人眼中最杰出的建筑物，也对如今的体育场馆结构有着深远的影响。

拱门几乎是承受重量最完美的设计。拱门中央的拱顶吸收了来自上方建筑物的重量，并将重量平均分散到拱门两边的柱子上，这样就让柱子支撑起了极大的负荷。两个柱子之间留有较大的空间，既增加了拱门的其他用途又进一步降低了建筑物本身的重量。这样，拱门的设计不断地重复，让这个建筑成了一首雄伟的拱门交响曲。

最外侧由三层拱门上下叠加而成，最外层共计 240 个拱门。每一层都是用 80 座 7 米高的巨大拱门组成。六圈拱门由高至低向竞技场中央延伸，竞技场内侧的拱门间都使用粗糙而相对轻盈的火山岩填满，建成了观众席位。

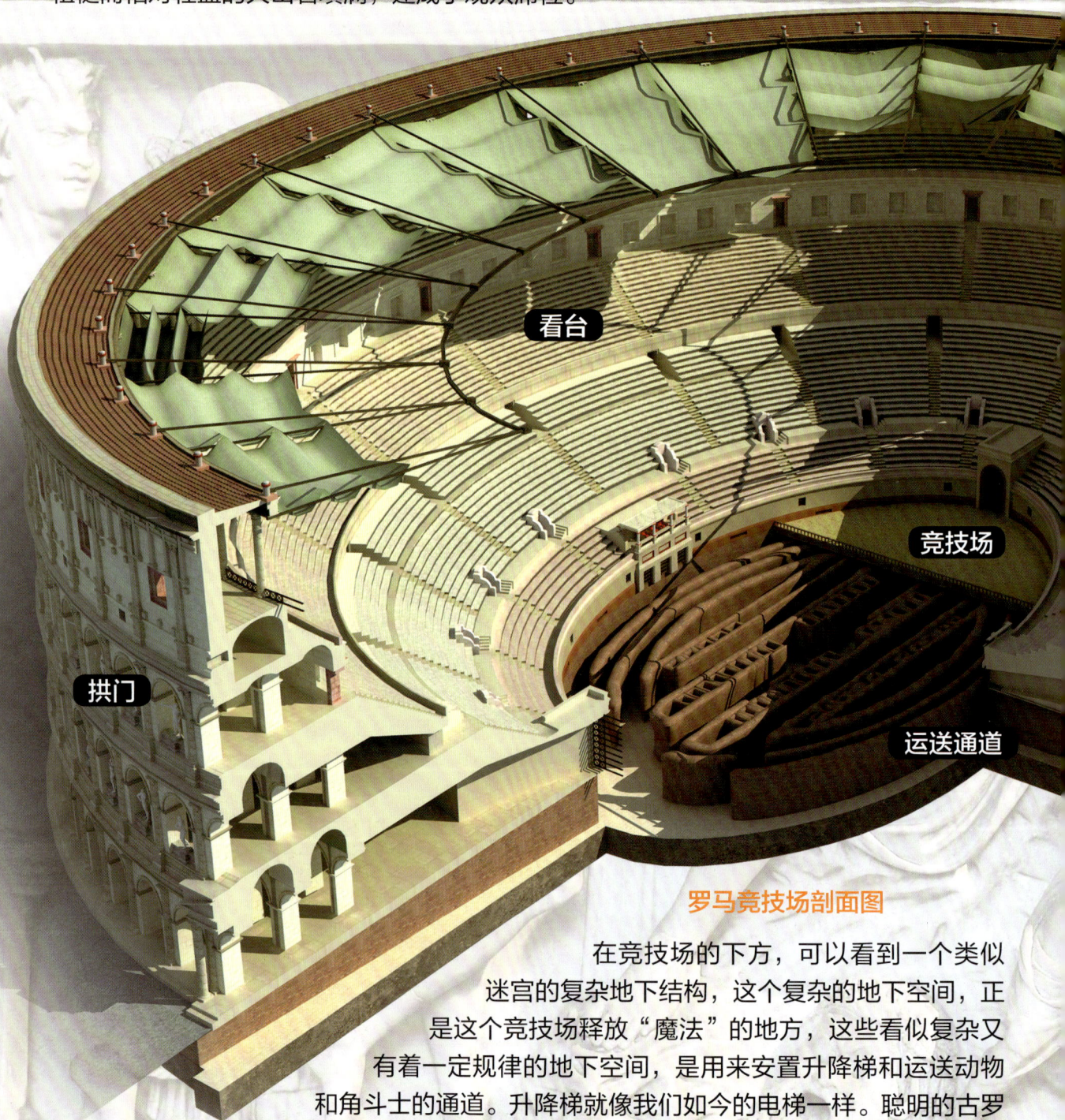

看台

竞技场

拱门

运送通道

罗马竞技场剖面图

在竞技场的下方，可以看到一个类似迷宫的复杂地下结构，这个复杂的地下空间，正是这个竞技场释放"魔法"的地方，这些看似复杂又有着一定规律的地下空间，是用来安置升降梯和运送动物和角斗士的通道。升降梯就像我们如今的电梯一样。聪明的古罗马人，利用滑轮与绞盘的巧妙结合，通过人力操作的木质平台将动物与角斗士送到竞技场上。这样的设计可以让角斗士与动物出现在竞技场的每个角落，让场上的角逐更加刺激且具有娱乐性。

遮阳布

斗兽场内局部座位图

罗马竞技场内部的观众席有着非常巧妙的设计，座位倾斜的角度，让现场每一位观众都能看到竞技场中的表演。这样的座位设计本身也具有一定的含义，利用阶梯座位形成了明确的阶级之分。竞技场最前方是罗马元老院议员的座位，之后则是当时骑士团成员的座位，也就是罗马的商人阶级，而罗马平民则挤在后边 20～30 排的看台上。通过阶级来划分观众坐席，让罗马竞技场成为罗马社会的缩影。

罗马竞技场石柱分类

罗马竞技场有三种石柱，上图从左至右分别为多立克式石柱（第一层）、爱奥尼式石柱（第二层）、科林斯式石柱（第三层）。

角斗士比赛不仅过程残酷，结局的判定也同样令人胆寒，因为失败一方的命运将交由皇帝来决定。皇帝的拇指若向上竖起，角斗士便暂且可免于一死，但若皇帝的拇指向下，失败了的角斗士将会被处死。

古罗马皇帝

战斗中的角斗士

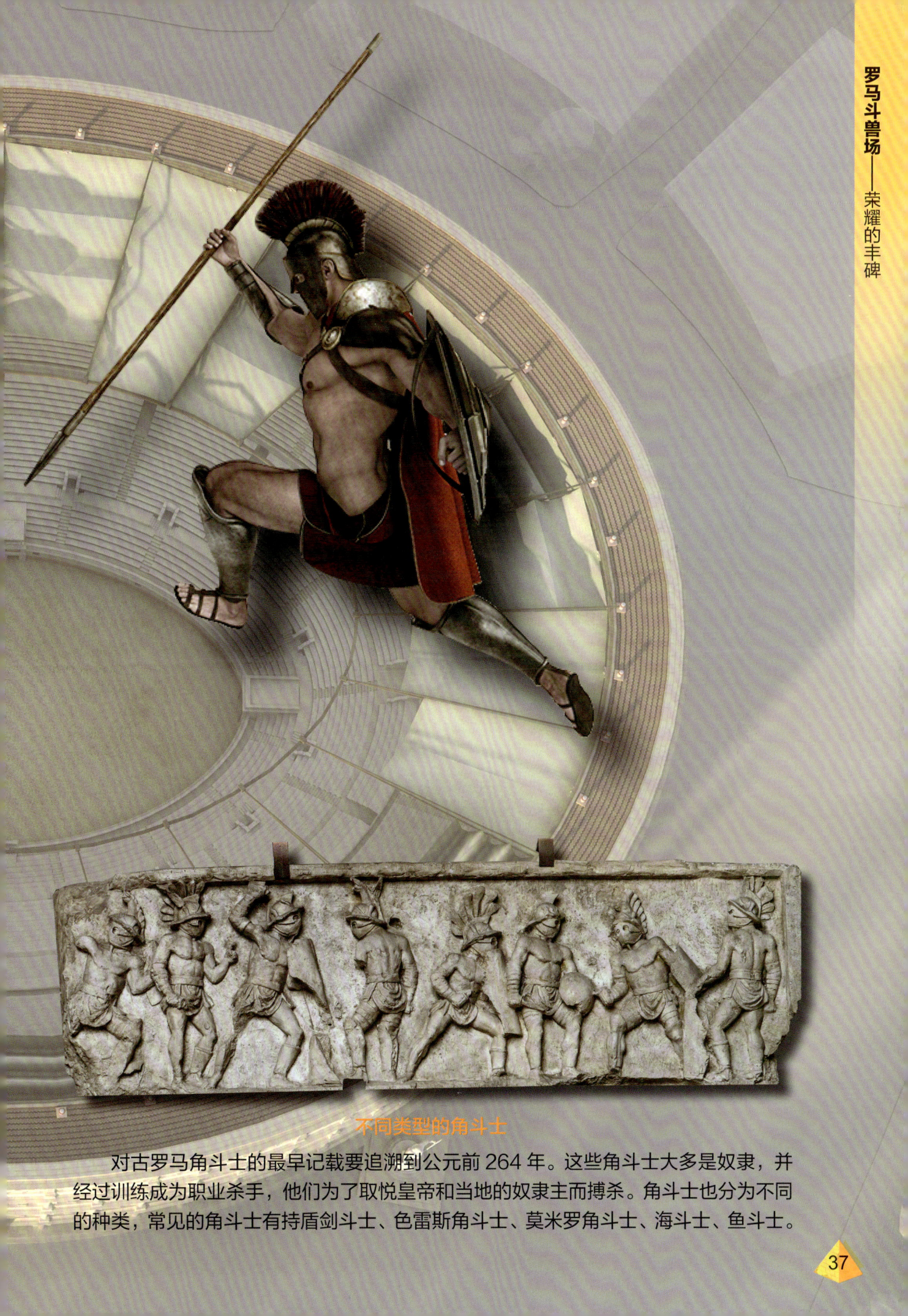

不同类型的角斗士

对古罗马角斗士的最早记载要追溯到公元前 264 年。这些角斗士大多是奴隶，并经过训练成为职业杀手，他们为了取悦皇帝和当地的奴隶主而搏杀。角斗士也分为不同的种类，常见的角斗士有持盾剑斗士、色雷斯角斗士、莫米罗角斗士、海斗士、鱼斗士。

罗马竞技场的建造有着更深远的意义，它不仅仅是通过格斗来娱乐大众，更是增强了民众的正义感，竞技展示了罗马帝国的国力，也提醒了罗马公民，他们今天的繁华生活，是用战争的代价换来的。国家的强大对于每个人都大有裨益。这座竞技场虽然经历了两次地震而变得残破，但却像是一个坚韧的角斗士一样，被打倒又再次站起来，并屹立至今。

复活节岛——地球的肚脐

  大约两百五十万年前，太平洋东部海底火山活动剧烈，大量岩浆喷射出海面，与海水交融持续几个世纪，一座海岛诞生在了太平洋的中心，这就是拉帕努伊岛。

  据传说，在一千五百年前，这个岛迎来了一批来自波利尼西亚的居民，他们称这个岛为"地球的肚脐"，意思是"地球的中心"。这群居民从此开始生活在这个四面环海的岛上，他们不仅在岛上农耕、饲养家畜，还发明了属于他们自己的独特文化，他们雕刻出了巨大的石像。如今，这些石像是世界著名的遗迹之一。接下来，让我们一起探秘这座神奇的岛屿吧！

复活节岛的摩艾

1722 年的复活节，一位来自荷兰的探险家发现了拉帕努伊岛，从此，这座岛也被称为复活节岛。复活节岛上最神秘的地方，就是那些眼窝深邃、高挺鼻梁的摩艾石像了。当你在岛上漫步时，你总能看到摩艾石像的影子，他们散落在岛上，有的倾斜插在土地中，还有一些已经被严重风化，沉睡在山脚下，还有一些石像则会整齐地排列，背对大海，仰望星空。自从复活节岛被发现后，这个岛和岛上的摩艾石像也成了考古学家与探险家最感兴趣的话题之一。

摩艾石像之谜未被解开的时候，这些石像由于过于庞大，常被谣传为外星文明所创造的奇迹。但经过考古学家的不断探索与研究，终于解开了摩艾石像的秘密。复活节岛上的摩艾石像，主要材料是来自拉诺拉拉库（Rano Raraku），多数的摩艾石像是一块火山岩雕刻成型，有些石像的头部会有一块巨大的石头，称作普卡奥（pukau）。普卡奥是用红色的火山渣做成圆柱形雕塑，通常是用来加在摩艾石像的头顶上，代表了波利尼西亚族长所佩戴的红色羽毛头饰。

完整摩艾

我们在岛上所看到的大多数摩艾石像都是头像，也有一些石像露出了肩膀，他们不规则地散落在土地之上，好像要传达一些信息给看到他们的人。直到考古学家将这些庞大的石像挖掘出来，大家都看到了惊人的结果，石像下半身有着更巨大的身体，而且身体要比头部大很多，身体和头部一样，也是柱状结构，并在身体上雕刻有奇怪的花纹。一座完整的摩艾石像，有的高达9米多，重70多吨。如此庞大的石像，让我们不禁想到：当时的岛民是如何将它们搬运至岛上各处的？

摩艾的头饰

这些摩艾石像大部分都只有上半身，它们都有着深邃的双目、长长的耳朵、高高的额头和坚挺的鼻梁，其中一些雕像的眼睛还使用珊瑚和黑曜石制成，表情非常有神韵，他们表情深邃，倾斜地仰望星空。可还有一些雕像却拥有下半身，他们双膝跪地，有着短短的耳朵和胡子。可是为什么雕像有这样的特征呢？这个答案至今依旧无法考证，之所以有这两种类型的雕像，可能和岛上传说的"长耳人"与"短耳人"有一定的关系。

『长耳人』与『短耳人』

朗戈朗戈木板

朗戈朗戈木板是一种深褐色的椭圆形木板，上面刻满了文字符号。长久以来，诸多学者、专家为了破解朗戈朗戈木板上文字符号的含义，倾注了毕生的精力。朗戈朗戈木板是解密复活节岛之谜的关键因素。

复活节岛的故事是一个悲剧和凯旋相交加的故事，也是一个提醒我们要珍惜资源的故事，复活节岛上的摩艾依旧沉默地散落在岛上的各处。这些石像见证了岛上先祖避居地底的衰败，更见证了岛民日益的兴盛，它们也在继续守护着这里的居民，守护着这座岛屿。

虽然地球在浩瀚的宇宙中显得极为渺小，但是人类在地球上却创造出了无限伟大的文化。人类创造出了文字、数学、艺术、宗教等文化体系，他们探索天文、研究多种多样的科学技术、不断地用知识去改变自己的命运，同时也改变着自己生存的星球——地球。下一次我们探索的目的地是海洋。伊万再次邀请你一起探索地球的生命之源——海洋。